AF246677

EXPOSÉ

LA

DOCTRINE MÉDICALE

Du Docteur BELLIOL

DE LA FACULTÉ DE MÉDECINE DE PARIS, RUE DES BONS-ENFANS, Nº 32.

EXTRAIT DE SON OUVRAGE

SUR LA NATURE ET LE TRAITEMENT DES

MALADIES CHRONIQUES

DE TOUS LES ORGANES DE L'ÉCONOMIE,

DES DARTRES, DES SCROFULES, DE LA SYPHILIS, ET DES MALADIES NERVEUSES,

Par l'emploi de médicamens végétaux dépuratifs et rafraîchissans ;

PRÉCÉDÉ

Du Rapport d'une Commission de quatre **Docteurs** de la **Faculté** de **Médecine** de **Paris**, constatant la supériorité de cette nouvelle **Méthode** sur toutes celles employées jusqu'à ce jour.

HUITIÈME ÉDITION.

Prix : 6 fr. — 8 fr. 50 c. pour la province. — 11 fr. pour l'étranger.

PARIS,

Chez BAILLIÈRE, LIBRAIRE, RUE DE L'ÉCOLE-DE-MÉDECINE, 13 *bis*,

Et chez tous les Libraires de France et de l'étranger.

1840.

AVERTISSEMENT

DU LIBRAIRE-ÉDITEUR.

Si les hommes recherchent avec tant d'empressement les écrits qui propagent les nouvelles découvertes médicales, cela tient à ce que leur propre conservation est le plus impérieux de leurs désirs. En effet, quoi de plus naturel que de vouloir reculer le terme fatal et échapper surtout aux maux sans nombre qui affligent notre existence fugitive ? L'ouvrage que nous venons de publier atteint ce but; déjà parvenu à sa huitième édition et honoré d'un rapport médical qui fait ressortir les avantages d'*une méthode nouvelle*, nous avons droit d'espérer qu'il sera accueilli avec tout l'empressement qu'ont obtenu les éditions précédentes. Dégagé de tous les mots trop scientifiques qui auraient pu en rendre la lecture trop difficile, il sera utile à toutes les personnes qui se plaisent à acquérir des connaissances médicales et à celles qui cherchent à mettre un terme à leurs souffrances. Nous avons cru que le meilleur moyen de faire apprécier cet écrit à sa juste valeur, c'était de composer ce prospectus de matériaux puisés çà et là dans l'ouvrage lui-même : puissions-nous l'avoir fait avec discernement ! Nous serons ainsi dispensé d'un éloge qui eût été peut-être suspect de notre part. D'ailleurs les bornes de cet exposé ne nous eussent pas permis de dire toute notre pensée sur un écrit déjà jugé, et qui sait réunir à un style à la fois nerveux et facile, des aperçus qui portent l'empreinte de la plus saine philosophie. Quant à ce qui regarde la nouvelle théorie émise dans cet ouvrage, nous dirons qu'elle a obtenu, non seulement en France, mais encore à l'étranger, l'assentiment des praticiens les plus recommandables. En effet, cet écrit a déjà été traduit plusieurs fois en allemand, en espagnol, et partout il obtient le plus éclatant succès. Il y a même un assez singulier rapprochement à faire : c'est qu'au moment où l'homœopathie, importation de l'Allemagne, se meurt en France sous le poids du ridicule, les doctrines du médecin français fleurissent dans cette contrée.

DU MÊME AUTEUR :

Traité abrégé des maladies syphilitiques et des dangers des préparations mercurielles.
Brochure de 150 pages. Prix 1 fr.; 1 fr. 50 c. pour la province : 2 fr. pour l'étranger.
Chez Baillière, libraire, rue de l'École-de-Médecine, n° 13 *bis*.

DES MALADIES CHRONIQUES.

N'est-il pas affligeant de penser que la terre est peuplée de milliers d'êtres qui, en proie aux ravages des maladies chroniques, se flétrissent de jour en jour et arrivent ainsi lentement au terme d'une misérable existence? Au milieu d'une vie toute de privations, leurs sensations, loin de réveiller en eux des idées agréables, les plongent au contraire dans la tristesse et le découragement : étrangers aux sentimens les plus affectueux, et préoccupés de ces seules pensées : la douleur et la mort! ils respirent, mais ils ne vivent pas. Tel est le sort de tant d'hommes qui, jeunes encore, implorent le secours d'un art salutaire, et dont la vie s'échappe dans les soupirs d'une lente agonie !

On donne le nom de maladies à tous les dérangemens auxquels notre corps est sujet; elles se divisent en deux classes : l'une comprend celles qui, semblables aux volcans et aux éruptions souterraines, menacent tout-à-coup, par un embrasement aussi violent que subit, la vie des individus qu'elles attaquent; l'autre renferme celles qui, minant sourdement, à la manière d'un feu mal éteint, ne laissent apercevoir leurs dégâts que lorsqu'il n'est souvent plus possible d'y remédier. Les premières s'appellent aiguës ou ardentes ; la succession et l'intensité des symptômes qui les caractérisent annoncent qu'elles doivent se terminer dans un court espace de temps, soit par la guérison, soit par la mort. Dans cette catégorie se placent les fièvres, les affections cérébrales, les fluxions de poitrine, les inflammations du bas-ventre, les éruptions inflammatoires, et toute la série des dérangemens qui doivent leur origine, soit à une quantité de sang plus abondante, soit à son transport plus considérable vers un organe.

On appelle maladies chroniques celles que j'ai rangées dans la deuxième classe des maladies en général. Celles-ci parcourent lentement leur période, elles ont une longue durée, elles usent nos organes insensiblement, elles font incessamment des progrès lorsqu'on ne leur oppose pas des moyens efficaces, elles durent des mois, des années entières, et quelquefois toute la vie ! Ces affections, presque toujours accompagnées d'une fièvre lente, décharnent le corps, affaiblissent le moral de l'homme, et l'accablent de souffrances toujours croissantes, jusqu'au terme de l'existence. Elles sont le plus grand tourment de l'espèce humaine; car ni la vigueur du tempérament, ni l'énergie de la force vitale ne peuvent quelquefois nous soustraire à leur funeste influence. Ces maladies proviennent toujours, ou d'un vice humoral, dont le foyer est dans nos fluides, ou bien d'une inflammation lente qui use et détériore nos organes. Ces affections se montrent sous les formes les plus variées : tantôt ce sont des dartres, des érysipèles périodiques, des clous ou furoncles, des gales opiniâtres, des ulcères fétides et invétérés, des éruptions au nez et sur le reste du visage, des chancres rongeurs, des cancers, la carie des dents et des autres os, la chute prématurée des cheveux, des fluxions sur les organes de la vue et de l'ouïe. D'autres fois, les maladies chroniques nous affectent d'une manière plus profonde : on ressent à l'intérieur différentes espèces de douleurs vagues, nerveuses, goutteuses ou rhumatismales; on est en proie à des affections scrofuleuses et scorbutiques; on éprouve des maux de nerfs, des douleurs de tête, des vapeurs; on ressent tous les symptômes de la manie et de la folie; on est assiégé par les idées les plus mélancoliques; il se forme quelquefois des dépôts intérieurs occasionnés par une congestion de matière purulente; des hémorroïdes font souvent éprouver des douleurs sourdes et poignantes; enfin tous nos organes, tels que le poumon, l'estomac, le foie, les reins, la vessie, la rate, les intestins, peuvent être affectés de maladies chroniques, et soumis ainsi à un travail désorganisateur, les malades dépérissent de jour en jour, leur peau jaunit, ils deviennent cadavéreux et se momifient en quelque sorte, avant d'arriver au terme de leur déplorable existence.

Les maladies aiguës, c'est-à-dire celles où il y a beaucoup de fièvre, où la vio-ence des symptômes annonce une activité extraordinaire, une marche rapide, pren-nent quelquefois le caractère chronique, lorsque surtout elles sont mal traitées ou qu'elles attaquent des sujets débiles. Ne voit-on pas, en effet, des gastrites aiguës, occasioner des cancers de l'estomac, des rhumes négligés se changer en phthisie pulmonaire, des inflammations du col de la matrice déterminer une affection cancé-reuse de cet organe, des inflammations du foie produire des obstructions graves? Aussi est-il de la plus haute importance de bien traiter les maladies aiguës, pour éviter qu'elles ne deviennent chroniques.

Quoique le plus souvent les maladies chroniques soient le résultat d'affections aiguës mal traitées ou attaquant des individus débiles, cependant on ne peut s'em-pêcher de reconnaître que les maladies lentes et chroniques peuvent s'établir in-sensiblement et même sans fièvre. Il s'opère fréquemment dans nos organes, tels que le poumon, le foie, l'estomac, des changemens très notables, sans que nous puissions nous en apercevoir. Souvent on n'éprouve que quelques légères in-commodités auxquelles on ne fait aucune attention, et lorsqu'en très peu de jours une affection grave se dessine, le malade s'en étonne; mais le médecin instruit re-cherche le passé, et les plus légers symptômes l'éclairent, parce qu'il a appris que nos organes peuvent devenir malades lentement et sans occasioner le moindre trouble dans l'économie. Que de fois n'ai-je pas ouvert des corps de suppliciés qui paraissaient jouir d'une santé parfaite, et qui cependant offraient des organes si profondément altérés qu'ils n'auraient pu vivre long-temps avec de telles désor-ganisations !

Que de fois, au milieu de nos salons, n'ai-je pas vu de jeunes personnes brillan-tes de beauté, et jouissant en apparence d'une santé parfaite, porter cependant le germe d'une affection chronique du poumon, dont les symptômes échappent au vulgaire, et se révèlent seulement à un œil observateur ! à chaque émotion qu'elles éprouvent, un léger incarnat se marie à la pâleur de leur visage; leurs yeux, pleins de langueur, ne jettent que de passagères étincelles ; sur leurs lèvres décolorées erre un triste sourire, tandis que sous leur peau, d'une blancheur éclatante, la vie ne semble circuler qu'à regret! Cependant, au milieu de ces fêtes, de ces homma-ges et d'une musique qui les enivre, elles rêvent le bonheur, elles qui doivent mou-rir ! bientôt hélas ! elles seront fanées et emportées comme une feuille d'automne !

Il est une remarque de la plus haute importance, c'est que tous les individus affectés d'un principe dartreux, scrofuleux, rhumatismal, vénérien, ou de toute autre nature, sont plus sujets aux maladies chroniques que les autres, par suite de cette disposition qui, en modifiant les organes, affaiblit leur tissu et les empêche de triompher des engorgemens dont ils peuvent être atteints. Ce sont ces dispositions maladives et humorales de l'organisation qui expliquent en quelque sorte cette facilité qu'ont certaines personnes à contracter des maladies contagieuses, que repoussent des constitutions plus saines et plus vivaces.

Il est des individus chez lesquels la plus légère égratignure, la plus faible contu-sion, déterminent des suppurations, des ulcères souvent fort difficiles à guérir ; chez eux, les inflammations les plus légères revêtent le caractère chronique ; leurs plaies, qui se rouvrent facilement, ne se guérissent qu'avec la plus grande diffi-culté, et leurs cicatrices irrégulières et peu solides ont une teinte violacée qui décèle toujours un sang impur et des chairs douées de peu de vitalité. Il est des familles entières qui ont des organisations bien malheureuses et dont la vie n'est en quelque sorte qu'un long gémissement depuis la naissance jusqu'à la mort: parmi elles on rencontre des êtres chétifs, décolorés, rachitiques et estro-piés; d'autres ont la peau souillée par de dégoûtantes éruptions; il en est qui por-tent au visage des ulcères profonds et fétides qu'ils recouvrent d'un noir taffetas pour en dissimuler à tous les yeux le pénible aspect; chez quelques uns, le nez et les oreilles, privés de chaleur vitale, ont une teinte d'un rouge bleuâtre qui décèle en eux un principe scorbutique ; on en voit qui ont les yeux chassieux, les doigts remplis d'engelures qui suppurent et laissent après elles d'imparfaites et gênantes cicatrices ; enfin, il en est chez lesquels la dégénération humorale a fait de tels progrès, que leurs os se carient et qu'ils sont obligés de subir des mutilations plus ou moins graves, plus ou moins étendues : il semble que tous ces êtres, impurs rameaux d'une souche impure, n'ont dans leurs veines qu'un sang corrompu, qui, empoisonnant les sources de la vie, amène la continuelle dégradation de tout leur être physique. Malheureuses familles ! ce n'est qu'en vous croisant, si je puis m'exprimer ainsi, en mélangeant votre existence à des existences fortes et robustes que vous pourrez aliéner un funeste héritage, et effacer de votre postérité le stigmate de vos longues douleurs !

Si les études anatomiques ne nous apprenaient que toutes les parties du corps sympathisent plus ou moins entre elles, par les nerfs, les artères, les veines, ou la continuité des tissus, la médecine pratique confirmerait cette importante vérité. Ne voit-on pas, en effet, des affections chroniques d'un organe s'irradier souvent vers d'autres organes plus ou moins éloignés, et y produire quelquefois des désordres fort graves ? Ne voit-on pas, en effet, des gastrites qui ont duré long-temps, produire des maladies du poumon ou des affections du cœur, et des dérangemens intestinaux amener fréquemment des désordres ou vers le foie ou vers le cerveau ?

Les maladies chroniques atteignent l'homme à tout âge ; mais c'est surtout dans la vieillesse que leur influence est mortelle. A cette époque de la vie, le foie, l'estomac et tous les organes du ventre sont frappés d'un état de langueur ; la transpiration et toutes les sécrétions ne s'opèrent que faiblement ; et par suite de l'affaiblissement de l'organisation, les fluides se détériorent, des inflammations altèrent le tissu de nos organes, et des affections longues et douloureuses s'établissent. C'est un spectacle digne des méditations du médecin et du philosophe que cette série de changemens successifs qui marquent le décroissement d'un être qui s'éteint ; que cette chaîne de dégradations qui sont en quelque sorte des portions de la mort qu'elles devancent.

Les femmes, en raison de leur constitution nerveuse, lymphatique et délicate, sont plus que les hommes sujettes aux affections chroniques. Doués de moins d'énergie, leurs organes se débarrassent plus difficilement des inflammations qui les assiègent et des humeurs qui les engorgent. C'est cette faiblesse, inhérente à leur organisation et que semble encore accroître la vie sédentaire à laquelle elles sont destinées, qui les éloigne en quelque sorte des affections aiguës pour les rapprocher davantage des maladies de langueur.

C'est une vérité que la pratique confirme tous les jours que chaque genre de constitution a des affections différentes, et que les maladies chroniques sont en quelque sorte le partage des tempéramens mous et lymphatiques ; il faut une constitution forte et énergique pour résister à l'envahissement des affections lentes et chroniques.

Les saisons ont une influence notable sur la production, l'accroissement et la terminaison des affections chroniques. Elles se développent plus particulièrement en hiver, prennent souvent de l'accroissement au printemps, et s'améliorent en été. Mais lorsque reviennent les froids, les pluies et toutes les rigueurs de l'hiver, ces affections renaissent, et c'est ainsi que tour à tour, au milieu du calme et de la douleur, on passe des jours, des mois et des années. Il est une saison qui devient pour beaucoup de malades le signal d'une fin prochaine, c'est l'automne, l'automne avec sa froidure et toutes ses tristesses. Alors le pauvre malade, sous l'influence d'un soleil pâle et sans chaleur, rentre en lui-même ; privé d'énergie, il ressent ses douleurs et plus poignantes et plus cruelles. Il partage le deuil de toute la nature, ses pensées s'assombrissent, le découragement s'empare de tout son être, il tombe et nous offre l'image d'un arbre dont la sève est tarie, et qui ne doit plus renaître au printemps à venir!

Il est une observation qui n'a échappé à aucun médecin philosophe, c'est que chaque climat paraît spécialement favoriser le développement d'une maladie particulière; il semble que la nature se plaise à multiplier sous mille formes la maladie ou la mort! Dans les pays froids, les affections sont plutôt aiguës, parcourent leur période en peu de temps; tandis que, dans les pays tempérés, elles revêtent plus facilement le caractère chronique. Les affections écrouelleuses et toutes les maladies qui sont caractérisées par un état de débilité, de faiblesse, de décoloration, appartiennent plus spécialement aux pays où le ciel est triste, brumeux, et où l'air est en même temps froid et humide. La goutte, le rhumatisme et les affections pulmonaires, naissent le plus souvent dans les climats septentrionaux, parce que la transpiration ne s'y opère qu'imparfaitement, tandis que les maladies de l'estomac, du foie et de tout l'appareil digestif, s'observent plus fréquemment dans les pays chauds. C'est dans les climats brûlans que se rencontrent les hommes doués d'une sensibilité excessive, et chez lesquels le système nerveux est susceptible d'acquérir une très grande irritabilité, tandis que tout le contraire se remarque chez les hommes du nord; aussi est-ce avec raison qu'un illustre publiciste a dit qu'il faudrait écorcher un moscowite pour le faire sentir. Enfin c'est au voisinage des tropiques, de l'équateur, que se rencontre la lèpre, la plus redoutable des maladies cutanées. C'est dans ces latitudes que la nature, plus féconde, plus active, est aussi plus propre à développer les plus redoutables fléaux de l'espèce humaine. Dans tous les temps, les lieux que le soleil échauffe davantage de ses rayons ont été le théâtre des affections terribles et extraordinaires.

Les professions ont une influence bien marquée sur le développement des maladies chroniques; cela tient au concours des circonstances dans lesquelles se trouvent placées les personnes qui s'y livrent.

On ne peut s'empêcher de reconnaître que quelques maladies chroniques ont souvent un caractère contagieux, et que leur transmission est d'autant plus à craindre que l'organe malade, foyer de l'infection, est en proie à une sécrétion humorale plus abondante, et que le sujet exposé à la contagion porte déjà en lui-même une prédisposition à une semblable maladie. Je ne serais pas éloigné de penser que les miasmes qui se dégagent d'un poumon profondément ulcéré ne pussent développer tous les symptômes de la pulmonie. Je n'émets cependant cette opinion qu'avec doute, car l'étude des maladies contagieuses est peu avancée, et la science n'a pas encore entièrement soulevé le voile qui cache tant d'obscurité.

Un des principaux caractères des maladies chroniques est d'imprimer à la couleur de la peau des modifications toutes particulières. Cette enveloppe nerveuse et sensible au delà de toute expression, devient en quelque sorte un miroir où se réfléchissent toutes les souffrances internes. Témoignage des douleurs intérieures, la peau prend un aspect particulier selon le genre de maladies dont on est affecté. Elle est jaune dans les obstructions du foie, pâle et terreuse dans les affections organiques du poumon, elle est sèche, aride et accompagnée d'un jaune de cire au visage dans les désorganisations de l'estomac ou des intestins. La peau est pâle, livide et bleuâtre dans les affections scorbutiques, tandis que dans la syphilis invétérée elle offre une teinte verdâtre ou cuivreuse. Ce serait une noble tâche pour un médecin observateur que d'étudier avec soin les causes de toutes les modifications dont est susceptible l'enveloppe cutanée.

C'est une des lois de l'économie vivante d'être sujette à la reproduction des mouvemens morbifiques, souvent aux mêmes époques où ils se sont d'abord développés. Ce sont plus particulièrement les maladies lentes et chroniques, et parmi elles celles de nature dartreuse, qui sont plus sujettes à récidive. Notre moral se complaît aussi dans la reproduction des mêmes actes, les habitudes comme les maladies modifient tour à tour, et le physique et le moral de l'homme; aussi faut-il une grande persistance quand on veut ou déraciner des penchans ou détruire des maladies.

Enfin, un dernier fait qui semble caractériser les affections chroniques et qui les fait différer des affections aiguës, c'est que celles-ci se transmettent plus rarement par l'hérédité, tandis que les premières passent toujours des pères aux enfans. « On hérite, dit Baillou, des maux de ses parens comme on hérite de leurs biens; « et ce funeste héritage se transmet d'une manière plus sûre encore que l'autre. »

Une longue étude des maladies chroniques m'a prouvé qu'elles devaient être tour à tour attribuées à l'irritation nerveuse ou sanguine de nos organes, à l'inflammation lente de leurs tissus; d'autres fois à l'embarras de l'estomac ou des intestins, dont l'influence sympathique se fait ressentir vers des organes plus ou moins éloignés, et le plus souvent à la décomposition de nos humeurs. J'ai prouvé que *toutes les altérations du sang et de nos humeurs ont*, à quelque chose près, le même caractère, et que si les phénomènes particuliers et extérieurs qui les caractérisent semblent établir entre elles une si grande différence, elle tient sans doute à la diversité des organes affectés, qui impriment aux liquides sécrétés des caractères différens. Ainsi, lorsque le principe humoral se porte à la peau et qu'il forme des taches, des écailles, des boutons, des croûtes, des ulcères même, on le désigne sous le nom de dartres; s'il se porte sur la vessie, et qu'il y détermine un écoulement glaireux, on le nomme catarrhe vésical; qu'une éruption dartreuse, quittant la peau, se dirige sur le poumon, une pulmonie ou un asthme peuvent être la suite de ce transport; que le même principe humoral attaque un nerf, aussitôt on éprouve toutes les douleurs qui caractérisent une névralgie. Voilà bien des maladies diverses en apparence, et cependant le principe reste toujours le même. Ne serait-il donc pas possible d'admettre que la contexture et la vitalité de chaque organe impriment à une disposition humorale, *qui peut être la même dans toutes les circonstances*, des modifications qui les font différer en apparence et même en réalité?

Les différens vices humoraux auxquels on donne le nom de principe vénérien, dartreux, écrouelleux, galeux, glaireux, scorbutique, rhumatismal, ne sont vraiment que des rameaux d'une même souche, et si j'ai conservé leur nom, c'est parce qu'il faut un nom aux choses pour les faire connaître au regard et les mieux graver dans la pensée. Mais, je le répète, *le principe est toujours le même*, et si les maladies nous offrent souvent des caractères bien différens en apparence, cela tient, à n'en pas douter, à l'influence des tempéramens et des âges, aux occupations, aux saisons et à une foule de circonstances souvent inappréciables.

On ne saurait donc s'empêcher de reconnaître que ces divers principes ou, ce qui exprime mieux ma pensée, que cette *dégénérescence unique de nos humeurs* ne soit la cause la plus fréquente des diverses maladies chroniques qui attaquent nos organes; c'est à elle qu'il faut attribuer ces affections lentes et anciennes des yeux, des oreilles et du poumon. L'estomac, les reins, la vessie, la matrice, éprouvent le plus souvent des irritations sanguines ou nerveuses qui revêtent très fréquemment le caractère chronique; il est d'observation qu'une acrimonie de nos humeurs peut ou exciter cette irritation ou l'entretenir. Ce serait vainement alors qu'on voudrait détruire ces symptômes inflammatoires par des évacuations sanguines ou des tisanes gommeuses; dans ce cas, l'emploi des dépuratifs devient indispensable.

C'est encore à un principe humoral, à un état vicieux de nos fluides, qu'il faut attribuer les croûtes, les écailles, les taches, les boutons, les ulcères qui envahissent la peau, les démangeaisons qui l'assiègent. Les engorgemens des glandes, leur ulcération, des chancres, des écoulemens, des excroissances, des bubons, le gonflement, le ramollissement des os, les déviations de la colonne vertébrale, sont encore des maladies qui sont très souvent dues à une acrimonie humorale. Les individus qui ont un sang impur ont toutes les membranes muqueuses douées d'une plus vive irritabilité : aussi rencontre-t-on parmi eux des sujets ayant des pissemens de sang, des hémorragies du poumon, des hémorroïdes. Il en est qui sont asthmatiques ou affectés de toute autre maladie du poumon. La pierre, la gravelle, les pâles couleurs, la suppression des règles, des sueurs nocturnes habituelles, la sécheresse et l'aridité de la peau, des diarrhées ou la constipation, des douleurs articulaires, la folie, la manie, la mélancolie, l'épilepsie et toute la série des affections nerveuses, peuvent encore reconnaître pour cause un état maladif de nos fluides que les médecins appellent principe syphilitique, dartreux, scrofuleux, galeux, glaireux, scorbutique, rhumatismal, et que je considère comme n'étant que l'expression d'une *dégénérescence de nos humeurs toujours identique* et ne variant que selon les organes affectés.

C'est, sans contredit, une doctrine toute nouvelle que de n'admettre qu'une *dégénération humorale*, se modifiant selon les organes malades, et c'est sur l'*unité d'un principe humoral* qu'est fondée l'application d'un *même mode de traitement* dans des affections souvent si différentes en apparence, mais identiques dans le fond. Je crois ma doctrine établie sur des bases solides; chaque observation que je recueille est un anneau qui vient s'ajouter à la chaîne de mes idées sur l'origine et le développement des maladies chroniques, et si je n'ai pas entièrement soulevé le voile qui couvre encore la grande énigme de tous les phénomènes de la vie, soit dans l'état de maladie, soit dans l'état de santé, c'est parce que trop d'obstacles s'élèvent devant celui qui s'engage dans ce dédale inextricable. L'homme n'est qu'un instant sur la terre, il a tant de mystères à découvrir! et le temps de la raison est si court!

Les personnes atteintes de maladies chroniques ont presque toutes les digestions lentes, pénibles, imparfaites; elles éprouvent fréquemment une pesanteur incommode, une sensation douloureuse, un malaise insupportable à la région de l'estomac.

La chaleur vitale subit, dans les maladies chroniques, des variations considérables. Les malades sont incommodés, tantôt par la sensation d'une chaleur très vive, tantôt par celle d'un froid très intense; d'autres fois toutes les parties de leur corps, et plus particulièrement les extrémités inférieures, sont recouvertes d'une sueur froide. Ces changemens de température paraissent tenir aux modifications des forces vitales qui sont radicalement affaiblies.

Il existe chez la plupart des individus un organe relativement plus faible que les autres, dont l'état particulier tend sans cesse à modifier les tempéramens, comme les observations de Thierry et de Zimmerman l'ont démontré. Cette circonstance prépare la formation des maladies chroniques en dirigeant d'une manière spéciale l'action de leurs principes sur l'organe qui est atteint d'une faiblesse relative. Il est bien certain que la petite-vérole, la rougeole, la scarlatine, la fièvre miliaire, impriment souvent à l'organisation des modifications telles que nous devenons plus aptes à contracter des maladies chroniques à un âge plus avancé.

L'influence de la bile sur l'estomac est telle que son excès produit une irritation vive sur cet organe; son action se fait quelquefois ressentir sympathiquement vers le cerveau et devient la source de la mélancolie ou d'autres maladies.

Nos solides et nos fluides s'altèrent par l'effet des grandes passions, qui occasionnent des dégénérations humorales et des vices qui détruisent la texture de nos organes. Il y a des passions qui décident promptement la formation d'une grande quantité de bile, et qui semblent transformer en cette humeur la matière de nos fluides. Les exemples de jaunisse survenue après la colère, la frayeur, le chagrin, sont trop communs pour que je m'attache à les rappeler.

Tous les organes de la poitrine et du bas-ventre subissent les altérations les plus étranges dans leur tissu ou leur substance, par la force des passions. Morgagny a examiné les cadavres de plusieurs personnes qui avaient été en proie à de longues affections morales pendant leur vie, et chez lesquelles ces sensations de l'ame avaient causé des maladies chroniques incurables.

Une des causes les plus fréquentes des maladies chroniques en général, c'est la diminution ou la suppression de la transpiration cutanée. C'est là une vérité sur laquelle j'ai, depuis nombre d'années, appelé l'attention des médecins. Qu'on ne s'étonne donc pas des soins que prennent, comme par instinct, certains individus faibles, d'écarter loin d'eux toutes les causes qui peuvent intercepter le cours nécessaire de la transpiration. N'est-ce pas le plus souvent à la suppression ou à la diminution lente et graduelle des fonctions dépuratoires de la peau que les affections du poumon doivent le plus fréquemment leur origine ? la goutte, le rhumatisme, les affections calculeuses de la vessie n'ont-elles pas le plus souvent la même origine ?

On ne peut s'empêcher de reconnaître que, indépendamment de la pensée, qui, fortement frappée, peut attribuer à un organe une maladie qu'il n'a pas, et même la lui donner, les troubles moraux sont encore une des causes les plus fréquentes de nos maladies ; et si, jetant nos regards vers le passé, nous évoquons des époques fécondes en événemens politiques, nous reconnaîtrons qu'elles ont donné lieu à beaucoup de maladies nerveuses, et que les descendans de ces hommes, dont la vie n'a été au milieu de ces désordres sociaux que crainte, espérance et émotion, ont dû donner le jour à des enfans non seulement plus aptes par leur organisation physique à contracter des affections nerveuses, mais encore possédant une puissance morale plus active, et peut-être plus propre à réaliser ces grandes réformes et ces nobles pensées qui ont éclaté vers la fin du dix-huitième siècle !

Du Traitement des Maladies chroniques.

Autant le traitement des maladies aiguës est un objet de continuelles investigations, autant celui des maladies chroniques offre l'exemple d'une négligence dont on ne saurait expliquer le véritable motif. Serait-ce qu'une vie qui s'éteint rapidement inspire plus d'intérêt que celle qui descend au tombeau d'une manière lente et insensible ? ou plutôt ne devrait-on pas chercher la cause de cet abandon dans la ténacité de ces maladies, qui ne laissent souvent au médecin d'autre gloire que celle d'une lutte honorable sans doute, mais trop souvent stérile ? J'ai compris toute l'utilité de diriger mes recherches vers des affections qui font le désespoir de la médecine et qui sont une cruelle affliction pour l'humanité. Au milieu des hôpitaux où j'ai passé ma vie, j'ai pu, dirigeant mon attention vers une étude dont j'ai senti tout le prix, apprécier la nature et le traitement des maladies chroniques. C'est dans ces asiles, où s'éteignent dans le silence et l'obscurité tant de vies déjà flétries par la misère et la douleur, que notre expérience s'éclaire et nous trace la route la plus sûre pour atteindre au but des plus nobles efforts.

Rien ne prouve davantage l'inefficacité des moyens qui ont été mis en usage pour combattre les maladies chroniques, que la prodigieuse quantité de médicamens qui ont été vainement employés. Ne s'étant formé aucune théorie, les médecins n'ont point adopté une méthode, un ensemble de moyens propres à combattre ces affections, et, livrés au plus aveugle empirisme, ils ont tour à tour mis en usage ou les substances les plus nulles ou celles qui, tirées de la classe des poisons, ont sur l'économie une funeste influence. Qu'attendre, en effet, du seul emploi des boissons aqueuses, des tisanes de gomme, d'orge, de chiendent et de réglisse, dans des affections graves chroniques qui minent sourdement l'organisation et amènent la chute graduelle des forces ? D'autres médecins, tombant dans un excès tout contraire, ne savent employer que des médicamens qui offrent un danger réel : ce sont les préparations mercurielles, arsenicales, la teinture de cantharides, l'acide prussique ; ils administrent même à l'intérieur la pierre infernale, la ciguë, l'aconit, et une foule d'autres substances tirées de la classe des poisons.

Convaincu que, dans la plupart des maladies chroniques, il y a, le plus souvent, principe humoral à détruire et irritation sanguine et nerveuse à combattre, j'ai senti le besoin de doter l'art de guérir d'un médicament renfermant à la fois des propriétés dépuratives et rafraîchissantes. C'est vers les substances émollientes, anti-nerveuses, sudorifiques et diurétiques, que j'ai dû tourner mes regards. Les premières calment l'irritation des organes, et, les ramenant à leur état primitif, rétablissent le jeu des fonctions, tandis que les secondes, expulsant par la transpiration insensible et les urines les matières qui circulent dans la masse du sang, détruisent ainsi l'acrimonie de nos humeurs. J'ai combiné ces substances, et les ai administrées sous les formes et les doses les plus variées ; et c'est après des essais multipliés que j'ai pu constater qu'elles n'ont des qualités calmantes et dépuratives efficaces qu'autant qu'elles sont administrées en poudre. Il est si vrai que les substances végétales perdent de leur énergie lorsqu'elles ne sont point employées sous cette forme, que tous les praticiens, bien convaincus que la valériane et le quinquina perdent beaucoup de leur efficacité lorsqu'ils sont administrés en décoction ou en sirop, donnent le plus souvent ces substances délayées dans un liquide quelconque, ou bien mélangées avec du sucre ou du miel.

Le choix des substances anti-nerveuses, rafraîchissantes sudorifiques, et diurétiques, était encore chose importante ; aussi chacune d'elles a tour à tour été employée, et c'est en multipliant mes essais que j'ai pu m'assurer, par des faits sévèrement observés, de leur degré d'efficacité. Mon choix a donc été le fruit d'une longue expérience. Je dois répéter encore que les diverses substances médicamenteuses prises en tisane ou en sirop se montrent peu efficaces, qu'il n'y a véritablement que la forme de poudre qui leur conserve toutes leurs vertus, et que cette forme est celle que j'ai adoptée. C'était un grand problème à résoudre que d'arriver à donner à un malade, sous un petit volume, et sans le fatiguer, une grande quantité du principe extractif d'un médicament. Ce problème, je l'ai résolu, puisqu'on prend en trois verres par jour ce que vingt verres d'une décoction désagréable pourraient à peine contenir. Quels effets ne doit-on pas attendre d'un dépuratif qui, par sa forme et le choix des substances qui le composent, se montre à la fois doux et puissant !

Cette composition, mélange à la fois de substances calmantes anti-nerveuses, sudorifiques et diurétiques, je l'ai désignée sous le nom de *Poudre végétale dépurative et rafraîchissante.* Elle est d'un goût agréable, elle s'applique avec succès au traitement des dartres, de la gale, des écrouelles, de la syphilis, et de toutes les maladies chroniques, humorales ou inflammatoires, quelque forme d'ailleurs qu'elles puissent revêtir. Elle convient parfaitement à tous les âges, à tous les sexes et à toutes les constitutions, et comme elle n'est formée que de substances douces et dépuratives, elle peut être employée par les tempéramens les plus délicats. Elle se montre essentiellement favorable aux personnes qui ont abusé des préparations mercurielles.

Cette préparation, qui se prend par cuillerées à café délayée dans de l'eau, pousse fortement aux urines ; elle est essentiellement utile lorsqu'elles sont rouges et sablonneuses ; son usage habituel s'oppose au développement de la gravelle et par suite de la pierre. Les personnes constipées, celles qui éprouvent de l'insomnie, celles qui ont le sang échauffé et le système nerveux irrité, trouveront dans son emploi journalier des avantages qu'aucun médicament ne pourrait leur offrir. En effet, ce dépuratif, introduit dans le sang, en adoucit l'acrimonie et tempère les matières ardentes dont il est infecté, il résout sa viscosité, son épaississement, et parcourant avec lui les organes de la circulation et des sécrétions, il ramollit les parties endurcies, fond les tumeurs, les concrétions, débarrasse les vaisseaux et ranime leur jeu sans les irriter. Il expulse, par la transpiration insensible, par les urines et par les autres voies naturelles, les matières fondues, séparées et rendues fluides.

On ne doit pas s'étonner que cette préparation puisse s'appliquer avec un égal succès à toutes les maladies chroniques qui attaquent nos organes et qui se montrent si diverses, en apparence. Nous avons déjà fait comprendre, dans nos considérations générales sur ces affections, que puisqu'elles doivent leur origine à un vice humoral, *identique dans sa nature*, ou bien à une irritation sanguine ou nerveuse, elles doivent par cela même réclamer l'emploi d'un même moyen, sous quelque forme d'ailleurs qu'elles puissent se présenter. Qu'un principe humoral produise ou des dartres, ou des douleurs, ou des ulcères, ou une pulmonie, n'est-ce pas là toujours la même cause à combattre? et n'est-il pas rationnel d'avoir recours au même agent, sauf à l'aider par des moyens accessoires?

Parmi les moyens accessoires que je mets souvent en usage, il en est deux qui méritent une mention particulière : le premier est un *purgatif*, qui s'emploie sous forme de pilules, ne cause aucune fatigue, et est d'un usage très facile ; il a l'avantage non-seulement de débarrasser les intestins sans les irriter, mais encore il les fortifie ; car la rhubarbe entre dans sa composition, et on sait que cette substance amère, qui a été nommée par quelques médecins le *purgatif des enfans*, facilite la digestion et produit dans l'économie les plus heureux changemens. Les autres substances que contiennent ces pilules purgatives agissent spécialement sur la partie inférieure du tube intestinal, le rectum, qui sympathise avec la tête ; elles conviennent donc essentiellement aux personnes habituellement constipées, à celles qui ont la tête embarrassée et qui peuvent craindre une attaque d'apoplexie. J'ai signalé, dans mon traité, les avantages des purgatifs en général dans une foule de maladies chroniques. Celui-ci, que j'administre sous la forme que je préfère à toute autre, la forme pilulaire, trouve dans mon ouvrage de nombreuses applications.

Un deuxième moyen dont l'emploi est indispensable dans une multitude de cas, c'est une *pommade résolutive anti-dartreuse*. Elle est spécialement destinée aux personnes affectées de dartres, d'écrouelles, de plaies, d'ulcères, de tumeurs et de douleurs. Employée en frictions, elle débarrasse la peau des impuretés qui l'assiègent, des démangeaisons qui la fatiguent. Elle détruit l'engorgement des glandes, fond les tumeurs et cicatrise les plaies les plus anciennes.

J'ai prouvé que toutes les maladies chroniques doivent être attribuées à l'irritation, à l'inflammation de nos organes ou à la dégénération de nos humeurs.

J'ai constaté que la dépuration de nos humeurs ne s'opère efficacement et sans dangers que par l'emploi des substances tirées du règne végétal. J'ai indiqué une préparation qui agit à la fois sur les voies urinaires et transpiratoires, fonctions qui se suppléent tour à tour, et par lesquelles sont expulsés les divers principes acrimonieux qui assiègent notre économie. J'ai prouvé que l'action de ces substances apéritives et dépuratives est douce, qu'elles produisent sur nos organes irrités et enflammés un effet rafraîchissant, essentiellement salutaire. Tout médecin imbu des saines doctrines ne doit jamais perdre de vue que les maux qui nous assiègent sont presque tous le résultat d'un état inflammatoire auquel se joint souvent une irritabilité nerveuse très prononcée, et qui mérite de fixer notre attention.

J'ai prouvé que j'étais médecin éclectique, ennemi de tout système. En médecine les systèmes sont des armes tellement dangereuses que c'est un devoir d'en faire justice. On peut sans doute admirer l'auteur d'une brillante théorie, embellie, soutenue avec toute la force de la logique et toutes les ressources de l'éloquence ; mais il faut lui préférer le *médecin-guérisseur*, qui n'a d'autre guide que l'expérience, et qui n'use pas sa vie en de vaines théories. Sans doute cet homme n'est point l'oracle de nos académies, il n'étonne point le monde de son nom, mais il arrache à la mort des êtres souffrans ; il est béni de ses concitoyens ; et lorsque le soir il se retrouve au foyer domestique, il peut se dire : *j'ai rempli ma journée.*

Ma méthode sait opposer à tous les maux les moyens les plus divers ; ai-je besoin

de dépurer le sang ? je conseille l'emploi d'une *préparation végétale dépurative* qui
favorise la transpiration insensible, pousse aux urines, calme et rafraîchit nos organes. Chez une personne forte, la saignée combat une pléthore générale, donne
plus de jeu à la circulation, dégage le poumon, le foie et le cerveau. Par l'emploi des
sangsues on dégorge plus facilement une partie affectée, telle que l'estomac, la vessie ;
par l'application d'un vésicatoire, d'un séton ou d'un cautère, selon les circonstances,
on balance une inflammation interne en même temps qu'on favorise la sortie d'une
humeur fixée sur un organe. Par l'emploi de *pilules toni-purgatives* on déblaie, en
les fortifiant, l'estomac et les intestins. Veut-on tonifier l'organisation en général,
ou bien un organe en particulier, on a recours aux préparations amères et ferru-
gineuses. S'agit-il de diminuer la sensibilité du système nerveux, de fixer sa trop
grande mobilité, on joint à l'emploi des préparations calmantes, rafraîchissantes,
celui des bains et des ferrugineux. On tarit des écoulemens chroniques par des as-
tringens et des fortifians. Les frictions générales sèches impriment à l'organisation une activité essentiellement salutaire. L'emploi d'une pommade *résolutive anti-*
dartreuse nettoie la peau ou la débarrasse des diverses éruptions qui l'assiègent et
des démangeaisons qui s'y font ressentir ; sous l'influence de ce moyen, les ulcères
se guérissent, et les tumeurs et les glandes engorgées se dissolvent. Enfin , des
lavemens adoucissans, toniques ou anti-nerveux, combattent des inflammations, des
débilités ou des irritations nerveuses du canal intestinal. C'est ainsi qu'ennemi de
tout système, et ne prenant pour guide que l'observation, je suis la marche qu'elle
me prescrit, et crois en mon ame et conscience que c'est la voie dont ne doit
jamais s'éloigner un médecin qui, à de vaines théories plus brillantes que solides,
préfère le bien de l'humanité.

Ce qu'il faut surtout apprécier dans le traitement que j'emploie, c'est qu'il n'a
rien de gênant ni de fatigant, et qu'il n'inspire point un dégoût souvent insurmon-
table pour beaucoup de malades. Ils se figurent que plus un médicament est
désagréable au goût plus il doit se montrer efficace ; témoin ce vieux proverbe : *ce*
qui est amer à la bouche est doux au cœur ; c'est dans un siècle qui a vu reculer les
bornes de l'esprit humain que nous devons rejeter de pareilles erreurs : et si
l'homme doit atteindre cette somme de bonheur qui lui est destinée, ce n'est que
lorsqu'il marchera d'un pas ferme dans le sentier de la vérité.

J'ai consacré un chapitre au régime qu'il convient de suivre dans le traitement
des maladies chroniques ; j'y ai traité, non seulement des alimens dont le malade
doit se nourrir, mais encore j'ai passé en revue l'ensemble de tous les moyens
hygiéniques dont l'homme peut faire usage. L'exercice, le sommeil et la veille, le
travail et le repos, l'air et les habitations, les vêtemens, les habitudes et les passions, ont tour à tour été un objet d'études, et sont devenus le complément des
moyens appelés à seconder les effets de ma méthode dans le traitement des affections chroniques.

— Dans ce qui regarde le régime, j'ai insisté sur deux points : le premier c'est
de rejeter dans le plus grand nombre des cas une diète trop sévère, qui
affaiblit l'organisation et empêche la guérison des maladies ; — le second, c'est de
vivre dans une température convenable. On ne saurait méconnaître les influences
que les diverses propriétés de l'air exercent sur les organes de l'économie, et si,
pour vivre dans un meilleur état de santé, il est nécessaire de respirer un air
pur et de se trouver dans une température moyenne, on comprendra facilement
de quel avantage il peut être pour les personnes faibles et affectées de maladies
chroniques, et surtout pour les femmes, les enfans et les vieillards, de vivre sous
l'influence de cette condition atmosphérique. Lors donc que les circonstances le
permettront, les malades seconderont parfaitement bien les effets d'un traitement,
en quittant l'air impur des villes : on se sent revivre aux douces chaleurs de la Pro-
vence ou sous le beau ciel de l'Italie. Heureux donc celui qui peut quitter de froides contrées, et aborder à ces plages heureuses où tant d'hommes ont trouvé
une santé qu'ils avaient vainement cherchée ailleurs !

Nous avons décrit dans cet ouvrage, dont on ne peut avoir ici qu'une faible idée, toutes les maladies chroniques dont l'homme peut être atteint, et nous avons indiqué la marche à suivre pour les guérir.

Les dartres étant une maladie fort répandue, nous avons longuement tracé leur histoire, nous avons raconté les causes qui les produisent et le traitement qui leur convient; nous avons signalé les phénomènes singuliers auxquels elles donnent souvent lieu et les formes infiniment variées qu'elles adoptent. Nous avons décrit avec le plus grand soin la *dartre éphélide* caractérisée par des taches jaunes ou brunâtres, coïncidant souvent avec une affection du foie; la *dartre farineuse, écailleuse, crouteuse, rongeante, boutonneuse, vésiculaire érythémoïde, tuberculeuse et cornée*. Nous avons également tracé le terrible tableau de la *dartre prurigineuse* caractérisée par d'atroces démangeaisons. Nous n'avons rien omis sur les symptomes et le traitement d'une maladie qui avec le sang se transmet de génération en génération, et se manifeste sous les formes les plus variées, qui rampe dans les profondeurs de l'organisation, en dégrade les formes extérieures, affecte péniblement le système nerveux et qui réagissent sur le moral afflige la pensée, attriste tous les instans de la vie et nous pousse quelquefois au suicide!

Nous avons tracé un rapide tableau des maladies écrouelleuses (humeurs froides), des symptômes qui les caractérisent et du traitement qui leur convient.

Nous avons dévoilé l'origine de la syphilis, nous avons dépeint les symptômes qui la caractérisent; nous avons tracé la marche à suivre pour en triompher, et nous avons prouvé que lorsque ce mal était négligé et exagéré par de mauvais traitemens, il produisait les ravages les plus épouvantables, tandis qu'il s'efface et sans retour lorsqu'on rejette l'emploi des préparations mercurielles pour n'avoir recours qu'aux substances végétales sagement administrées.

La bonne mère trouvera dans cet écrit la manière de diriger l'éducation physique et morale de l'enfance; à cet âge si tendre, on a besoin d'une main qui nous guide et d'un avis qui nous éclaire.

Au déclin des années, le vieillard aime encore la vie ; d'ailleurs tant d'objets d'affection l'y rattachent! heureux du passé, il rêve encore dans l'avenir! qu'il suive nos salutaires conseils, et il échappera ainsi à une foule de maux que le temps accumule sur sa tête.

Nous avons signalé la conduite que doivent tenir les femmes qui relèvent de couches, si elles veulent échapper aux maux sans nombre qui sont fort souvent le résultat des maladies désignées sous le nom de *lait répandu*. Appréciant les pénibles et douloureuses infirmités auxquelles elles peuvent être en proie à l'époque orageuse *du retour*, nous avons dû leur tracer des préceptes de conduite dont elles ne pourraient s'éloigner sans s'exposer à de graves dangers.

Celui qui portera dans son sein un mal de famille, funeste héritage transmis avec le sang qui lui donna la vie, trouvera des conseils pour prévenir un mal qui sommeille dans son organisation et le mine sourdement, ou pour le combattre si déjà il s'est développé.

Enfin, pour compléter la tâche que nous nous étions imposée, et appréciant la haute importance de l'étude des tempéramens, nous avons dessiné à grands traits les attributs qui leur sont particuliers. Dans l'ordre physique comme dans l'ordre moral, l'espèce humaine, si variée dans ses individus, est une *véritable mosaïque* qui appelle les méditations du législateur, du philosophe et du médecin.

Tel est l'exposé succinct de nos travaux; puissent-ils arracher à la douleur et à la mort des êtres souffrans, et ce sera la plus belle, la plus noble récompense à laquelle nous avons osé aspirer.

RAPPORT

D'une Commission de quatre Docteurs de la Faculté de Médecine de Paris, sur la nouvelle Méthode végétale, dépurative et rafraîchissante du Docteur BELLIOL.

Appelés à prendre des renseignemens sur la méthode végétale que le docteur Belliol emploie dans le traitement des dartres, des écrouelles, des maladies vénériennes et des diverses affections chroniques humorales qui attaquent nos organes, nous avons suivi, pendant deux années consécutives, un très grand nombre d'expériences qui nous ont permis d'établir notre jugement sur un procédé médical qui mérite de fixer vivement l'attention des médecins. Des faits dont nous avons été les témoins, il nous est permis de tirer les conclusions suivantes, et qui sont dignes du plus haut intérêt :

1° Qu'on ne peut mettre en doute l'efficacité de ce traitement dépuratif, attendu qu'un très grand nombre de malades, affectés de vives démangeaisons et de dartres fort graves, puisqu'elles envahissaient toute l'étendue de la peau, ont été radicalement guéris. Nous avons vu des malades, dans l'état le plus déplorable par suite de dartres rongeantes, anciennes et héréditaires, guérir dans un temps fort court, lors même qu'elles occupaient des parties délicates, telles que le visage, qu'elles étaient profondes et qu'elles dégageaient avec une odeur insupportable une matière purulente très corrosive. Des écoulemens dartreux des oreilles, du nez, des paupières, ont cédé très promptement à l'emploi de la *poudre végétale* : c'est sous cette forme que le dépuratif du docteur Belliol est administré.

2° En quelques mois et par ce moyen, des malades, affectés d'écrouelles, ont été entièrement guéris ; cependant ils portaient les affections les plus graves ; les uns avaient toutes les glandes du cou engorgées, bleuâtres et en suppuration ; d'autres avaient les paupières, les narines, les lèvres gonflées, gorgées d'humeur. Chez d'autres, le vice écrouelleux avait attaqué les os, les articulations ; l'épine dorsale était fortement recourbée, tordue ; les jambes, incapables de supporter le poids du corps par la détérioration du système osseux, avaient affecté les directions les plus vicieuses. Des dégradations épouvantables, d'horribles mutilations, dues au vice écrouelleux, se sont complétement effacées sous l'influence de ce puissant dépuratif.

3° Des maladies vénériennes anciennes et rebelles à tous les traitemens se manifestant, soit par un suintement habituel, soit par des bubons, ou par des boutons ou des ulcérations paraissant et disparaissant à certains intervalles, ont été radicalement guéries par ce dépuratif. Des plaies profondes, des dégénérations cancéreuses, des excroissances d'une grande étendue se sont effacées sous l'influence de ce moyen, lorsqu'elles avaient résisté à tous les médicamens employés en pareil cas, et qu'elles avaient été exagérées par des préparations mercurielles.

4° Nous avons suivi, avec un intérêt tout particulier, l'emploi de cette poudre dépurative dans le traitement de diverses affections chroniques de nature humorale. Des maladies des yeux, des oreilles, se sont promptement améliorées par ce moyen. Nous avons vu des malades, crachant le pus, et arrivés au dernier degré de la pulmonie, recouvrer en moins de six mois une santé florissante. Des hydropiques, réputés incurables, ayant subi plusieurs fois la ponction, très amaigris par de longues douleurs, portant un teint jaune et safrané, ont été soulagés en quelques jours et guéris en peu de mois. Des constipations opiniâtres, des irritations d'entrailles, des maladies laiteuses, des pâles couleurs, des hémorroïdes, des affections cancéreuses du sein, de la matrice, se sont dissipées d'une manière miraculeuse sous l'influence de ce dépuratif. La facilité avec laquelle il résout divers principes acrimonieux qui irritent le système nerveux, nous explique son efficacité dans le traitement des maladies vaporeuses, mélancoliques, hypocondriaques et hystériques. En un mot, cette méthode s'est montrée d'une énergique efficacité toutes les fois qu'il a fallu combattre un vice humoral, soit dartreux, écrouelleux, galeux, vénérien, scorbutique, bilieux, rhumatismal ou glaireux.

5º C'est sous forme de poudre , comme nous l'avons déjà dit , que le nouveau dépuratif est administré. Soumis à l'analyse chimique , nous avons constaté que cette poudre était végétale, et qu'elle ne contenait pas un *atôme de mercure*. Elle est composée de l'extrait le plus pur des végétaux dépuratifs. Elle contient des substances gommeuses rafraîchissantes, qui produisent les plus heureux effets dans toutes ces maladies humorales , qui sont toujours accompagnées d'une certaine irritation. Il entre dans sa composition des substances qui poussent à la peau et aux urines , deux voies par lesquelles notre économie tend à se débarrasser des principes acrimonieux qui la tourmentent.

6º Nous avons constaté qu'elle convient aux personnes les plus débiles; les enfans fort glaireux de leur nature et les vieillards chez lesquels les fonctions de la peau et de la vessie ne s'opèrent qu'imparfaitement , en retirent d'heureux effets. Comme ce médicament est préparé d'après les principes de la doctrine physiologique, il doit se montrer précieux toutes les fois qu'il y a un principe acrimonieux à détruire et inflammation à combattre.

7º Le docteur Belliol, étranger à tout esprit de système, n'a pas prétendu que la poudre végétale , qui fait la base de son traitement, pût seule suffire pour obtenir la cure des affections multipliées qui assiègent notre économie , il a senti qu'il fallait des moyens accessoires, soit pour abréger la durée d'une maladie, soit pour aider à sa guérison; aussi use-t-il, lorsque les circonstances l'exigent, d'un purgatif qui est d'un emploi facile, et d'une pommade destinée aux personnes affectées de dartres, d'écrouelles ou de douleurs. Il a senti comme nous que, pour qu'une méthode soit toujours efficace, elle ne doit pas reposer sur un moyen exclusif, et qu'il est nécessaire qu'elle puisse se modifier de manière à s'adapter à l'âge, au tempérament et aux habitudes de chaque individu.

8º Les bornes de ce rapport ne nous permettent pas de transcrire ici une multitude d'observations qui offrent un très grand intérêt; nous avons dû, en quelque sorte, ne nous élever qu'à des données générales, et constater aussi succinctement que possible les succès de la méthode végétale, dépurative, et ses heureux effets sur l'économie malade. D'ailleurs, le baron Alibert , médecin en chef de l'hôpital Saint-Louis, n'a-t-il pas déjà , depuis plusieurs années, signalé dans son bel ouvrage de *Matière médicale*, les brillans succès obtenus par le docteur Belliol, dans le traitement de toutes ces diverses maladies de la lymphe?

Enfin, nous le disons hautement , le docteur Belliol a fait faire un pas immense à l'art de guérir, en portant le traitement des dartres, des écrouelles , de la syphilis et des maladies chroniques au plus haut degré de perfection. Nous avons l'honneur de proposer à l'Académie royale de médecine et à l'Institut de France, de donner son approbation aux recherches de ce médecin distingué, dont les travaux se montrent si profitables à l'humanité souffrante , et qui vient d'acquérir de nouveaux titres à l'estime publique, car il est un des médecins auxquels la ville de Paris, reconnaissante , vient de décerner une médaille d'honneur, pour le dévouement qu'il a manifesté pendant l'épidémie qui a désolé notre cité.

Paris, le 2 mars 1833.

Avons signé le présent rapport ,

MORIN, de la Faculté de médecine de Paris, membre de la Société médicale d'émulation et de celle de Louvain, *rapporteur.*

VIGREUX, de la Faculté de médecine de Paris.

PERBOST DE SAINT-GODENS, de la Faculté de médecine de Paris, membre de plusieurs Sociétés nationales et étrangères.

ROBERT, de la Faculté de médecine de Paris, membre de la Société de médecine pratique, médecin-honoraire de la cour de S. M. le roi de Suède.

Sommaire des matières contenues dans le Traité des Maladies chroniques.

Préface. — Rapport médical sur la nouvelle méthode. — Renseignemens que doit fournir le consultant. — Avis relatif à la préparation des médicamens. — Considérations préliminaires sur les maladies en général. — Des causes des maladies. — Du siége des maladies. — Du sang considéré comme source des maladies. — De l'estomac et des intestins considérés comme source des maladies. — De l'irritation et de l'inflammation considérées comme cause des maladies. — Des maladies chroniques en général et des phénomènes particuliers qui les caractérisent. — *Considérations générales sur le traitement des maladies chroniques.* — De l'emploi des poisons. — *Du mercure et de ses dangers.* — De l'inefficacité des eaux minérales. — Ce qu'on doit entendre par médicamens dépuratifs. — Des sudorifiques ou médicamens qui agissent sur l'exhalation de la peau. — Des diurétiques ou médicamens qui provoquent la sécrétion urinaire. — Des purgatifs. — Des émétiques. — Des émolliens. — *Du suc de carottes considéré comme émollient.* — Des médicamens anti-nerveux. — Des médicamens toniques. — Des évacuations sanguines. — Considérations générales sur la sensibilité de la peau. — Des vésicatoires. — Des cautères. — Des sétons. — Des ventouses. — Des rubéfians. — De l'électricité. — De l'acupuncture. — Des bains, des étuves et des frictions. — *Application de la nouvelle méthode au traitement des maladies chroniques.* — Conclusions relatives aux maladies chroniques et à leur traitement. — *Manière d'employer la poudre végétale, les pilules et la pommade résolutive.* — Du régime appliqué au traitement des maladies chroniques. — *Considérations générales sur les dartres.* — Description des différentes espèces de dartres. — Des causes des affections dartreuses. — De leur traitement et du régime qui leur convient. — De la gale, de la teigne et du traitement qui leur convient. — Des poux et de leur destruction. — Des écrouelles, de leurs causes, du traitement et du régime qui leur convient. — Du rachitisme ou noûure, du carreau et du traitement de ces maladies. — *Considérations sur les maladies vénériennes.* — Description de tous les symptômes qui caractérisent ces maladies et du traitement qui leur convient. — De l'impuissance et de la stérilité. — Des rétrécissemens du canal et de leur guérison *sans cautérisation.* — Des maladies vénériennes déguisées. — *Description et traitement des maladies chroniques en particulier.* — De la mélancolie et de la folie. — De l'hypocondrie. — De l'épilepsie. — De l'apoplexie ou coup de sang, moyen de le prévenir. — De la paralysie et des tremblemens nerveux. — De la migraine et du tic douloureux. — Des maladies des yeux et des oreilles. — Des aphthes, des ulcères de la bouche, du gosier, des maux de gorge chroniques, du gonflement des gencives. — De la pulmonie et du crachement du sang. — De l'asthme. — Du croup et de la coqueluche. — Du rhume, de l'enrouement, de la toux, du catarrhe, de la pituite. — Des palpitations et de l'anévrysme du cœur. — De la jaunisse. — Des obstructions du foie. — De la gastrite et des douleurs chroniques de l'estomac et des intestins. — Des aigreurs d'estomac, de la perte d'appétit, des glaires. — De la colique nerveuse. — Du catarrhe de la vessie, du pissement de sang, de l'écoulement humoral du canal de l'urètre. — De la colique néphrétique ou douleurs des reins. — De la gravelle, de la pierre, des envies fréquentes d'uriner. — Des pollutions nocturnes, du priapisme. — Du rhume de cerveau habituel. — Du squirre et du cancer du testicule ou sarcocèle. — Des flueurs blanches. — Du cancer du sein. — Des hémorroïdes. — De la fistule à l'anus. — De la constipation. — De la diarrhée chronique. — De l'hydropisie. — Des pâles couleurs. — De l'hystérie. — De la suppression des règles, de l'abondance des règles ou pertes de sang. — De l'avortement ou fausse couche. — Des maladies laiteuses, *lait répandu.* — De l'âge critique. — Des clous, des dépôts ou abcès, des glandes engorgées. — Du panaris ou mal d'aventure. — De l'érysipèle. — De l'ulcère des jambes. — Des engelures. — Des démangeaisons opiniâtres. — De la sueur excessive. — Du saignement du nez. — Du rhumatisme, de la sciatique et de la goutte. — Du tétanos, des convulsions ou attaques de nerfs. — De la danse de Saint-Guy. — Des crampes. — De l'étourdissement. — De l'évanouissement. — De l'extinction de voix. — Des vers. — Des vents. — De l'amaurose ou perte de la vue. — Des maladies des dents. — De l'obésité ou embonpoint excessif. — De la maigreur. — Des boutons, des rougeurs et des feux du visage. — De la fièvre en général; des fièvres en particulier; des fièvres intermittentes. — Du scorbut. — Du choléra-morbus et des moyens de le prévenir. — Des maladies héréditaires. — Des maladies périodiques. — Des tempéramens. — Du tempérament sanguin, bilieux, nerveux, lymphatique. — Conseils sur l'éducation physique et morale de l'enfance. — Conseils à la vieillesse.

Paris, Imprimerie de Paul DUPONT et Comp., rue de Grenell